냉장고를 사야 하는 이유

시와소금 시인선 181

냉장고를 사야 하는 이유

ⓒ정중화, 2025. printed in Seoul, Korea

초판 1쇄 인쇄 2025년 06월 10일
초판 1쇄 발행 2025년 06월 16일
지은이 정중화
펴낸이 임세한
펴낸곳 시와소금
디자인 유재미 정지은

출판등록 2014년 1월 28일 제424호
발행처 강원 춘천시 충혼길20번길 4, 1층 (우 24436)
편집·인쇄 주식회사 정문프린팅
전화 (033)251-1195 / 휴대폰 010-5211-1195
전자주소 sisogum@hanmail.net
ISBN 979-11-6325-094-4 03810

값 12,000원

* 이 책의 내용의 전부 또는 일부를 재사용하려면 반드시 저작권자와
  시와소금 양측의 동의를 받아야 합니다.
* 잘못된 책은 교환해 드립니다.

· 이 책은 강원특별자치도 강원문화재단 후원으로 발간하였습니다.

시와소금 시인선 · 181

냉장고를 사야 하는 이유

정중화 시집

시와 소금

▌정중화

- 한밭대학교 금속공학과 졸업.
- 2003년 《문학세계》로 등단.
- 시집으로 『징조처럼 암시처럼』 『바람의 이야기를 듣는 법』
  『당신의 빈틈을 내가 채운다』 『볼록거울 속으로』가 있음.
- 수향시낭송회 회장, 삼악시 사무국장 역임.
- 춘천문화재단(2016, 2020) 및
  강원문화재단(2018, 2025) 수혜.
- 공무원(춘천교육대학교 설비팀장) 퇴직.
- 현재 ㈜선진엔지니어링 종합건축사사무소 사업관리부 전무로 재직 중.
- 이메일 : jjh2203@daum.net

| 시인의 말 |

비대한 몸에 깔린 시가
싹 틔우듯
틈새를 비집고 나와
고개를 든다

끝이 뭉그러진 칼이다
문고리를 움켜쥐고
창밖을 살피는
궁핍이 씁쓸하다

저물녘 길 가는
남루한 나그네
우수에 젖은 눈빛이
쓸쓸하고 파리하다

어디로 가야 하나
번뇌한 흔적이 남아 있다
멈춰선 자리가 경계의 모서리다

길이 어디 있냐고
묻지는 않을 것 같다

2025년 5월

| 차례 |

| 시인의 말 |

제1부 뿌듯한 증거

삼악산 케이블카 ─── 13

거울 ─── 14

문상 ─── 15

뿌듯한 증거 ─── 16

바보 ─── 18

아뿔싸 ─── 19

늙어가는 나무 ─── 20

신발 ─── 22

위로가 필요해 ─── 24

겨울나무 ─── 26

아쉬움에 대하여 ─── 28

춘분 ─── 30

어색한 아바타 ─── 32

피아노 사랑 ─── 34

관계 ─── 36

손수레 ─── 38

고독孤獨에 대하여 ─── 39

동태 살피기 ─── 40

제2부 입속의 숲

자화상 —— 43

혼잣말 —— 44

지금 —— 46

냉장고를 사야 하는 이유 —— 48

텃밭 가꾸기 —— 50

분갈이를 하다 —— 51

오지 않을 당신 —— 52

답할 수 없는 질문 —— 53

삶이 흘러가는 물이라 해도 —— 54

호롱불 살포시 —— 56

둥근, 당신 —— 58

입속의 숲 —— 60

적막의 색깔 —— 61

불량한 하오의 상상 —— 62

통증 —— 64

이가 빠졌다 —— 66

문득 —— 67

사춘기 —— 68

제3부 지암리 텃밭

봄 —— 71
지암리 텃밭 —— 72
수국 —— 73
망초꽃 —— 74
배롱나무꽃 —— 75
파문 —— 76
남매지 —— 77
중산지 —— 78
춘천 —— 79
소양강 —— 80
의암호 —— 81
어슬녘 의암호반 —— 82
사랑의 발자국 —— 83
속초 바다 —— 84
숲의 울음 —— 86
눈물은 흉기다 —— 87

제4부 인생 총량의 법칙

소서小暑 ─── 91

65세 ─── 92

오피스텔 ─── 94

해 ─── 96

낭만을 찾았습니다 ─── 98

어둑한 남자 ─── 100

부고 ─── 101

꿈夢 ─── 102

세월 ─── 104

인생 총량의 법칙 ─── 105

경산 ─── 106

무채색이 어떨까 ─── 108

오죽하면 ─── 110

작품해설 | 구재기
견고堅固한 삶, 최선最善의 실현實現 ─── 115

제 1 부

뿌듯한 증거

삼악산 케이블카

별이 되고 싶어서
달이 되고 싶어서

호수 건너
하늘길로 오른다

거울

마주 보고
환하게 웃었다

착각은 순간밖에 위안하지 못한다는 말에
영원이 어두워졌다

내일이 까마득해졌다
잘못을 시인하고 싶지는 않았다

전등 불빛이 뿌옇게 흐려졌다
부둥켜안고 바라보고만 있었다

시간이 멀뚱멀뚱 쳐다보고 있었다

문상

돌아간 이 앞에서
추억 돌이키며 운다

세상 어제와 같은데
만날 수 없어 운다

남겨진 이에게 전할 말
아득하다는 말밖에 없어 운다

떠난 사람 아른거리고
추억 하나 깊숙하게 새김한다

서성거림 안으로 들어서다
멀어지는 사람이 있다

뿌듯한 증거

앉거나 일어설 때
어색한 동작을 뒤따라오는
욱신거림과 더불어 신음에 놀랄 때가 있다

뒤처지지 않으려 내처 달려왔던
평생의 훈장이기도 하지만
살아있다는 뿌듯한 증거이기도 한

파스를 붙이고
주사를 맞고

통증을 참으려고
아픈 줄도 모르고 달리는
인생 막차 놓치지 않으려고

찡그리며 어색하게 웃고
눈을 감는다

가슴 깊은 곳에서
잔잔하게 밀고 올라오는
절절한 외침

한 걸음 내디딜 때마다
세상을 향해 외친 되돌아오는
귀한 메아리
평생의 선물 같은,

바보

1
누구에게
진보라고도
보수라고도
말하지 않았다

사람들은 나를
바보라고 불렀다

2
누구는 나를
붉다고 나무랐고
누구는 푸르다고
멀리했다

그들이 바보 같아서
상대하지 않았다

아뿔싸

후회하며 돌아보니
끊이지 않는
아우성

아! 불사不似

막다른 길로 접어들어
되돌아보는
처절한,

내 모질음

늙어가는 나무

나는 나무입니다
푸른 산국山國의 수호자이자
광활한 사막 오아시스의 이정표입니다
누군가의 안식처이지만
삶의 방향을 바꾸지는 못합니다

나그네의 쉬어갈 그늘이자
듬직한 동반자의 가슴입니다
안온한 품이거나 기댈 수 있는
푸른 하늘입니다

시간을 거슬러 오른
어제이자 오늘 그리고 내일입니다
오는 것들과 가는 것들에게
마음을 전하는 전달자입니다

더 넓게 더 높이, 라는 가치로
쓸모를 가리는 세상이 가끔 편치 않고

새들의 소슬한 날갯짓에 외로워지기도 하지만
그늘의 틈새로 새어드는 햇살에
비로소 숲임을 깨닫는 나무

세월의 뒤안길에서
잘 살았구나, 돌아보며
이파리 가만히 흔들어보는
나는 늙어가는 나무입니다

신발

고단한 오늘을 지우는
신발장의 나열
숨죽이고 사는 신발에게
내일이 있었던가

걷는 순간은
언제나 오늘이었고
쉼은 잠시 오늘을
멈추었을 뿐이다

지워지지 않는 오늘을 지우며 걸었고
멈춰 서지 않는 오늘의 발을 걸어 넘어뜨리려
무진 애를 쓰기도 했다

오르막길인지
내리막길인지는 중요하지 않다
그저 그대와 나를
그저 허투루 오늘을 보내지 않는 이들을 위해

소금 먹은 염소처럼 지독한 질식을 안고
서러움 감추고 다만 묵묵히
오늘을 가고 있을 뿐이다

위로가 필요해

오지랖이 부잣집 대문짝만한 친구의
뭘 하고 사느냐, 는 의문에 덧붙인
느닷없는 질책에
침묵 같은 걸음이 느려진다

늘그막에 듣는 삶의 조언은
효능 없는 영양제를 먹고 난 후처럼
씁쓸한 헛구역질이 난다

이불을 걷어찬 겨울 아이처럼
쪼그린 생의 동지冬至 밤은 길기만 하고
미움은 칠흑같이 긴긴밤
밀물처럼 온다는 걸 터득한다

빼앗긴 것 없이 미운 사람처럼
밤의 간극間隙을 외면으로 덧댄다

채 깁지 못한 어제의 틈새로

정해진 운명처럼 오늘이 다가온다

벼락 맞은 노목의 등덜미처럼
오만했던 말들이 후줄근하게 줄을 선다
어느새 새벽이 집 밖까지 와 있다

위로는 고독과 함께 한 사람이 가져가기로 한다

겨울나무

나무가 아니라고 하지 마라
어떤 말로도 나무라지 마라

한때 하늘 쳐다볼 틈새 없이
빽빽하고 풍성했던 적 있었다
지나는 바람도 귀 기울여 주었고
자리마다 햇살 다가서기도 했다
일출도 노을도 흐르는 물길까지도
조신하게 어깨를 기대오곤 했다

가지는 하늘에 닿을 것처럼 뻗어
층층나무의 손을 잡기도 했다

초록 속의 갈색 불안처럼
어떤 가지는 흔들리고 꺾여
낙엽 진 후 고요처럼 앙상해지기도 했다

바람 불어 춥고 외로워지는 날에는

한번 본 적 없는 타인처럼
냉정하게 도리질하듯 회오리치는
계절의 뒷모습을 바라보며
아름아름 가지를 흔들어보는 것이다

아쉬움에 대하여

운명은 달콤한 거짓처럼
속삭이며 다가서지
색깔을 알 수 없는
엉큼한, 처음부터 속셈 밝힐 수 없다는 거지

나서 반겨준 적도 없고
다가서려 애쓴 적도 없지만

후회는 등 돌린 시간처럼 허전한 것이어서
노을을 등진 저물녘 강이 되거나
찜찜한 어둠과 어깨를 나란히 하여야 하지
당당한 척 본심을 숨겨야 하니까

링 위에서 등을 돌리는
약자의 아픈 보편성처럼
기억의 창고 돌아볼 추억은 잊어야 하고
망가진 지퍼처럼 침묵은 쓸쓸한 위로에 불과하지

할 말은 많지만 기꺼이 참아내야 하는, 비겁한
위안이거나 아쉬운 핑계처럼
허공을 향해 소리라도 질러본다는 거지

춘분

경칩 지나 춘분 경의중앙선 운정역 6번 탑승구 앞 세상 뭐 같아 못 살겠다며 육두문자 사정없이 내뱉던 여자 아득히 먼 딴 세상 같은 휴대폰 건너 상대를 향해서였을까 흐름 멈추고 말없이 지켜보는 소리천을 향해서였을까

젊어 이혼하고 혈혈단신 빈 몸으로 과테말라 먼 이국에서 25년 방직공장 구내식당 피땀 흘려 번 돈 딸내미 둘 대학 뒷바라지에 쓰고 영구귀국했다는 여자

법이 문제냐 사람이 문제냐 묻는 질문에 이 나라처럼 살기 좋은 나라 많지 않다며 파란만장 인생사 풀어놓는데 딸자식 사위 자식 눈치 보며 손주처럼 키워야 하는 개 한 마리 다독여 보듬어야 하는데 밖으로 매여 살던 몸 적응하기 힘들다며 이식을 꿈꾸는 잡초처럼 독립을 고민하던 여자

자식이 엄마에게 편하게 하는 잔소리니 고깝게 듣지 말고 방방곡곡 유람하며 유하게 살면 어쩌시겠냐는 말에 칠십 넘어 노을이라며 그저 웃기만 하던 여자

지난한 뒷마무리 막막한 봄비 한바탕 퍼부을 것 같은 구부정

한 생의 뒤꼍 텃밭에 퇴비 뒤엎어 일구며 그 여자의 잡초 같은
씨앗 어디서 어떻게 싹 틔우며 살고 있을까 궁금해진다

어색한 아바타

참이 아니다
믿을 수 없는 거짓이다

동등하다 믿는
무모한 착각이다

비겁한
에고이스트다

생경한 분신이고
어색한 아바타다

진실 앞에 서지 못하는
겁쟁이다

아니면서 긴 척
속셈을 감춘
엉큼한 기회주의자다

놓지 않으려 애쓰는 기억 속
애틋한 그리움이다

본모습 찾으려 애쓰는
흐릿한 당신은!

피아노 사랑

수동적인 당신 옆에 화병을 놓아요
어떤 날은 어루만지듯 부드럽게
어떤 날은 과격하게
우린 서로 사랑을 갈구하죠

왼쪽부터 오른쪽으로
오른쪽에서 왼쪽으로

포르테! 포르테!
당신 목소리 높아갈수록
나는 흥분해요 덩달아
신음을 내죠
영원을 상상하기도 해요
과거에서 현재로 미래로
꿈속으로 떠밀려요

때론 말이 없는 당신
문 닫힌 당신의 방을 바라봐요

처음엔 부끄럽기도 했고
종일 뒷모습만 바라볼 때도 있었죠
나 아닌 누군가와 함께하는
당신이 싫기도 했어요

눈을 떠요
천천히 느긋하게
당신 목소리 가라앉고
나는 매무새를 추슬러요

멋져요, 당신
또 다른 날을 기대한다고
은밀하게 속삭여요

관계

뿔 난 아기염소와 뿔 없는 엄마염소처럼
울어대는 아기와 어찌할 바 모르는 엄마처럼

가만히 짚어봐요 당신은
만들어 놓았죠 당신과
나와 이어지는 끈끈한
관계들, 당황스럽거나 친절한
기묘한 것들과 어수선한 것들 사이

길게 늘어지는 것들은 점, 점, 반대편에 가 있죠

흐릿하지 않다는 것만 인지할 뿐이죠
끙끙대며 사이와 사이를 잇고
또 잇다가 결국 늘어지고 말죠 가늘게
그리고 느슨하게

당신이 나를 사랑하다가
멀어지는 일은 이것과 마찬가지 일

함께 일출을 보다가 홀로
노을 앞에 앉은 것도 똑같은 방증

이렇게 말하면서 가슴이 아파요
이어져 있단 사실이 슬프기까지 하죠
아무리 아니라 해도 보이는 것이
전부에 가까운 세상
깐깐하고 부드러운 관계를 원하죠

사랑하는 당신, 사랑하는 당신 가만히 간질이다 보면
쏟아져 나오는
어여쁜 선들
관계에는 선이 이어져 있죠
말하자면 단단하고 긴 관계가 되고 싶은 거예요

손수레

아파트 신축 현장
쓰임 없는 자재들 모아놓은 담장 벽
무릎 꿇고 두 손 들고 있는
손수레에게
뭘, 잘못했느냐 물었습니다

대답도 없이
자꾸 제 바퀴만 돌렸습니다

군대 제대하고 빈둥대던 시간
참다못한 아버지
뭘 하고 살 거냐 닦달 같은 성화에
머리만 긁적이던 때가
내게도 있었습니다

고독孤獨에 대하여

침묵 뒤로
우울이 감춰져 있다

내딛는 걸음 뒤로
음울한 그림자가 따라온다

넘어져 도진 상처처럼
진물이 난다

고통이 쓸쓸함의 덕목이냐 묻는다면
인내에 대한 반항이라고 답한다

그리움이
삶을 벌한 선례가 있었던가?

차가운
손가락질들

느닷없는
저 혐오의 눈길은 뭔가?

동태 살피기

대상은 짝사랑, 그의
동태를 지속적으로
일거수일투족 빠짐없이 담는다

자리에 앉을 때부터
창밖을 바라볼 때까지

어제의 그가 오늘의 그를 마주할 때부터
시야 속으로 나를 초대할 때까지

벽시계를 바라볼 때부터
시간을 허겁지겁 삼킬 때까지

커피잔을 들어 올릴 때부터
느긋하게 주위를 휘둘러볼 때까지

내 눈과 그의 눈이 마주칠 때부터
자리를 털고 내게 다가올 때까지

지속적으로 꾸준히
그의 동태를 살피기로 한다

제2부

입속의 숲

자화상

하찮은 일밖에 없었다
뜻밖의 일들이 가끔 다니러 왔다
섭섭했지만 반갑기도 했다
그러려니, 했지만
역시나, 하는 생각에 눈물이 났다
꾸역꾸역 하루가 지나가기도 했다
현실은 언제나 목이 메었고
희망은 꿈속의 상상 같았다
후회는 후회를 낳기도 했지만
늦게 만난 날은 생각보다 밝았다
진즉 만났으면 바랐지만 이미
만난 우리였다
세월이 약이란 말에 삶이 가벼워졌다
저물녘 노을이 새삼 붉다

혼잣말

저수지 둑 산책길 거닐다 문득
당신, 혼잣말로 부를 때
소나기 퍼붓기 시작했습니다

물수제비 파문으로 뜨고
개구리 놀라 수풀 속으로 숨었습니다

멀어지는 당신 등 뒤에서
어쩜 들으라고
수줍게 던지던 말
슬며시 던져보는 겁니다

삿된 마음 대낮같이 환해지라고
다그쳐 얼러 보며
서두르지 말고 천천히
속마음 거짓 없이
투명하게 물들여 보는 겁니다

그리워질 땐
나도 나를 어찌할 수 없습니다

지금

쭉 그래왔습니다
소설가가 되고 싶었지만
고작 무명시인, 딴짓해서 밥을 먹습니다
서재 하나쯤 갖춰 놓고 살겠다는 바람이
30평 아파트에 얼키설키 엉켜 있습니다
데면데면 저무는 날이 많습니다
모양 나게 술잔 부딪치며
지나온 날 되돌아보고 싶지만
식구들 함께 밥 먹을 시간도 없이
바쁘게 하루를 마무리합니다
숲 앞으로 시냇물이 흐르고
텃밭엔 수박이며 참외랑 상추며 쑥갓이 가득한
찌들지 않은 노년의 꿈은 간 곳 없고
먼지 나는 현장을 눈 오는 날 개 뛰듯 뛰고 있습니다
다행인 건 버티며 이겨내는 삶이
싫지만은 않습니다 최선을 다하고 있다는
위안을 붙들고 놓아주지 않습니다
내딛는 순간이 자랑스럽기도 합니다

희망도 아직 놓지 않고 있습니다
다행인 것 같아 뿌듯하기도 한 지금입니다

냉장고를 사야 하는 이유

당신은 변하지 않을 거죠, 묻고
한 걸음 다가서요
닿을 듯 말 듯 몸은
뜨거워졌다가 식어가요

당신은 또, 저만치 멀어지고

나는 당신 내면의 갈등을 상상하고
당신은 내 기분을 살피죠

무엇으로 무엇을 떠올리기는 싫어요
그때그때 다르고
어차피 피차일반
서로에게 향할 테니까요

당신이 강변을 걸을 때 나는
안개 숲으로 향해요 불안을 안고
같은 방향을 가는 레일처럼

변해가는 당신을 생각하죠

냉장고 문을 열었을 때
훅, 쳐들어오는 냉기

그래요 당신이나 우리
변하지 않고 숙성될
공간이 필요해요 지금 당장
냉장고를 사러 가요

텃밭 가꾸기

아내 웃는 모습이 하얀 민들레꽃 같습니다

대추나무 사과나무 밑에서 슬쩍, 조팝나무 울타리를 따라 몸을 내미는 봄볕 같습니다

땀이 밥인지도 모르고 홀씨 되어 따라온 새색시가 드세고 달착지근한 질경이가 되었습니다 어떤 날은 풀비린내 나는 쇠비름 같기도 하고 또 다른 날은 묵나물 같은, 한 다발 내 품에 안겨 온 개망초 같기도 합니다

움트기 시작한 봄날을 거닐며 스물일곱 민들레꽃 같은 파릇파릇한 날의 그녀로 돌아갑니다 돋아나는 저 풀꽃들이 예순 고개 한참 넘은 아내를 아지랑이처럼 간지럽히고 있습니다

텃밭 가꾸기 한답시고 물큰하게 익어가는 아내를 새삼 지켜보고 있는 겁니다

분갈이를 하다

커튼 사이로 햇살 비집어 들고
거죽만 남은 내가
나른하게 소파에 앉아 있다

내달려온 생의 낯빛이 고작
구부정한 허리와 얄팍해진 허벅지
세월에 지친 검버섯뿐이라니

하릴없이 창백해지다가
다치고 뒤엉킨 화분을 보듬고
묵은 흙을 갈아준다

시들한 화초가 흐르는
시간 속에 멈춰선 나와 같다

베란다 창을 노크하는
햇살의 손을 내밀하게 잡고
금세 꽃 피울 것 같은 화초를 상상한다

햇살에 겹친 흰머리 아내의
잔소리가 자장가처럼 잔잔하다

오지 않을 당신

올 것 같은,
하지만 오지 않을
당신을 기다린다

하염없다 해도
상관없다

한 줄의 시를 쓰다가
창밖을 지나는 인기척에
울컥, 눈물이 나도 좋다

어둠 속에 서 있는 사람
혹 당신이 아닐까?

남겨진 사람이 되어
만남을 기약하던
한순간을 생각한다

흐릿한 기억에 매달려
오지 않을 당신을 생각한다

답할 수 없는 질문

한바탕 욕을 퍼부어도
속이 뚫릴 만큼 후련하지 않다

대학 졸업하고 먹고 자고
별 하는 일 없이 어언 삼 년
허구한 날 해대는 질문이라니
뭘 해야 할지 모르겠단다

회초리라도 들 수 있다면
들뜬 정신에 피멍이 들도록
흠씬 때려줄 맘 없지 않지만

어머니 아버지도 모르셨던
인생의 숙제
일상처럼 처묻고 있는
답답한 아이의 속

꿈보다 빵이 먼저라고 답할 수 없어
욕부터 퍼붓고 보는
부모의 마음 알기는 할까?

삶이 흘러가는 물이라 해도

육십 넘어 절반쯤, 향기 퇴색한
꽃으로 견뎌 버텨내고 있는데
햇살도 없이 바람도 없이
저 홀로 핀 줄 아는 어린
꽃들, 제멋대로 만발하다

용돈 줄 때 아버진 아직 벌이가 있으시니까 제외
엄마 드리는 용돈 나눠주면 안 되겠냐 말하면
농담처럼 체면 좀 차리시라고 타박

부모 된 마음으로
그럴 수도 있겠다는 생각 하다가도
섭섭하여 허락지 않는 마음 지울 수 없어
훗날 너희도 겪어 보아라, 내밀어도 보지만

*물색없는 붉은 장미 한 송이도 모두 내가 지은 결과이니
삶이 흘러가는 물이라 해도
자식의 일이 부모 탓이라 하는 말

딱히 토를 달아 반박할 수가 없다

* 박형권 시집 『전당포는 항구다』, (창비, 2013) 「아버지의 걱정」에서 인용

호롱불 살포시

봄비 내린 후
비거스렁이 속 호박꽃
닫힌 문을 열어보니
꿀벌 한 마리 잠들어 있어
가만히 닫아주었다

문을 여닫는 일이란
휘적이던 평생의 삶
매만져 기억하고 기리는 일

아버지는 오십 넘은 나이에
닫힌 몸의 문을 열어 날 낳으셨고
맏형 같은 친구의 아버지를 보는 날엔
나는 부러움의 문을 애써 닫곤 했다

여든여덟 팔팔한 나이의 문밖을 지나
청춘 팔팔한 젊은이의 과속 차량에
세상 문밖으로 영영 달려가신 아버지

활개 치는 꽃의 품을 상상했을
호박꽃 속의 꿀벌처럼
영원 같은 문 여닫으셨을지도 몰라

문을 열리면 불이 켜지고
기억의 문도 열리는 것 같아
아버지 계시던 마음의 집 창문에
호롱불 살포시 밝혀놓고 먼 밖을 내다보는 것이다

둥근, 당신

둥글다는 말은
균형 잡힌
당신의,
또 다른 표현

뒤뚱거려도
돌고 돌아 당신을 향해
되돌아오는,

모난 내가 유하게 보이는 건
아픈 상처 감싸안은 당신
포용하고 덮어준다는 것

부둥켜안은 세상 하염없어도
상관없다는 것

휘영청 밝아지고
꽉 움켜쥔 둥근

당신의,

안간힘

입속의 숲

그의 얼굴엔 온갖
숲들이 모여 있다

갖가지 잡목과 노송 그득한
눈썹 숲

은밀하게 자리 잡은 콧구멍 속
무수한 침엽수림을 지나

오지랖 넓기도 한
정체불명의 입속의 숲

어디서 말을 빌려오는지
그윽한 메아리
온종일 그치질 않는다

적막의 색깔

 잠깐 다니러 온 적막이 죽치고 눌러앉아 내내 돌아갈 생각을 않는다 이 방 저 방 돌아다니며 그리움을 덧칠하거나 고요와 수런수런 얘기를 나누는 게 제집 같아 보일 정도다 간혹 누굴 만나고 늦게 돌아오는 날이면 한가로이 잠을 자거나 널브러진 채 유행하는 K-POP을 흥얼거리거나 TV 드라마를 보며 웃기도 하고 눈물까지 흘린다 가끔 고독을 동반한 어정쩡한 색깔로 잠시 동행을 요구한 적이 있기는 해도 다행인 것은 가족들과의 해후 그 반가움의 틈새로는 끼어들지 않는다 잠시 잠깐 베란다 일몰 앞에 나란히 앉아 기꺼이 감내하며 묵묵히 걸어온 길의 공허한 넋두리를 함께 들어주기도 한다 하릴없이 나는 야수의 진심을 이해한 스톡홀름증후군 왕자처럼 저 묵묵부답의 적막, 그 색깔이 어여뻐지기도 하여 이 방 저 방을 둘러보며 쓸고 닦고 곱씹어 보듬어 주고 있는 것이다

불량한 하오의 상상

카페 밖 하늘에 맞닿은 풍경 바라보며
지루하고 쓸쓸한 하오인 것에 상관없이
마주 앉은 당신을 상상한다

출근부터 퇴근까지 어제와 오늘
이어지는 당신의 일상을 살피는 동안
당신은 한마디 말이 없고 나는
당신의 체취만 매만지고 있다

빨간 글씨의 휴일,
날짜의 발바닥을 간질이기도 하고
온통 붉어지고 싶다는 벽시계에게
시간 당기는 방법을 묻고 있기도 하다

웃던 모습 따라 웃기도 하고
했던 말들을 은밀하게 읊조리기도 한다

당신의 웃음 당신의 눈물

문득 당신은 황홀해하고

기분 좋은 당신을 어루만지며
당신과 나의 속 깊은,
그것을 상상하는 결정적인 순간

무얼 마시겠느냐는 침묵을 깨는
직원의 붉디붉은 말에 망설이는 척
불량한 하오의 상상이라는 차를 주문한다

통증

아내도 나도
통증의 원인을 모른다

에어컨 온도가 낮았는지
선풍기가 돌다 말았는지
이불을 둘둘 말고 잤는지
코를 심하게 골았는지
평상시 불만 꿈을 빌미로 걷어찼는지

멀리 떨어져 그리운
간절함이거나
서로의 가슴에 못을 박는

오한이 오고
두통에 시달리고

아내도 나도
밤새 끙끙 앓는다

결혼 35년 사랑에도
통증이 가시질 않는다

이가 빠졌다

딱딱한 영양 바 하나가
삼십 년 식지동*食指動 입구
기둥을 무너뜨렸다

음식물이 새어 나오고
걱정하는 아내의 말과
괜찮다는 내 말이
대나무숲 바람 지나듯
숭숭 지나쳐가고
지나온 시간들이 주마등처럼 스쳐 간다

환갑 진갑 다 지나고
지금껏 버티고 살아온
대견한 삶의 흔적들

든 자리는 몰라도 난 자리는 안다고
새삼 대견스럽기도 하고
허전하기 이를 데 없다

* 춘추시대 정나라 공자 송(宋)이 식지를 움직이면 기이하고 맛있는 음식을 먹게 될 일이 생겼다고 함

문득

나와
당신 사이의
그리움

그러니까 나와 당신
서로의 이름을 동시에 부를 때

불현듯 떠오르는
당신이란 인칭
문득 멀리 있다는 생각을 하죠

까마득하다는 말은
당신 이름 부를 수 없을 때
나에게 넌지시 던지는 혼잣말

보고픈 당신
그리움에 그리움을 더할 때
날 부르는 당신 목소리
꿈인 듯 아스라이 들려오죠

사춘기

아이가 눈에 밟힙니다
시작과 끝이 어디인지 모릅니다
아슬한 경계를 타고 넘으며
아직, 이라는 말에 힘을 주기도 합니다
자주 깨지거나 금이 갑니다
뒹굴기도 하지만 넘어져 있기도 합니다
흉터로 남을지도 모를 오늘이라는 말에
별일 아니라는 듯 웃어넘깁니다
내일이라는 말엔 정색합니다
아프다는 말은 하지 않습니다
누군가의 손길이 그리워지는
청춘 탓이라 부인하진 않을 겁니다
철들 날 따위는 별것 아니라며
따지기도 하지만 제풀에 지치기도 합니다
어떤 땐 뿌듯하고 대견하기도 합니다
아무 일 없이 하루가 지나가기를
기도하며 지켜봅니다

제3부

지암리 텃밭

봄

그들은 그의 몫이다

불가사의를 건너온
기이한 만남

아무도 불안을 제기하지 않는다

넓은 들과 온 산하
돋아나는 잎새와 화사한 꽃들

두말할 필요조차 없다

지암리 텃밭

열 시나 돼야 햇살의 두드림에 눈을 뜨는 텃밭
뒷산 전나무 숲이 은근하게 내려다봅니다
사과나무 대추나무 밤나무 돌배나무 꾸지뽕나무
고추 가지 쑥갓 상추 당근 토마토 호박 배추 땅콩
온 가족의 반찬거리 간식거리들이
햇살 한 줌 몸에 담고 몸을 부풀립니다
개미 몇 마리 나뭇가지 끝을 향해 오르다
따사한 햇살에 몸을 기댑니다
배추벌레 배춧잎 그늘 뒤로 살짝 숨었습니다
양지 녘 졸고 있던 들냥이 놀란 듯
후다닥 몸을 일으켜 실룩, 실룩, 뒤돌아보며
농막 뒤로 사라집니다
회오리 손을 잡고 바람이 따라갑니다
아지랑이 물큰하게 봄내음을 불러옵니다
언덕 아래 지암초등학교 교정엔 아이들 보이지 않고
햇살만 바람에 펄럭이고 있습니다

수국

풍만함을 상상할 때
느닷없이 떠오르는
연두, 민망하게
자꾸 쳐다보게 되는 꽃

향기가 없다 해도
벌 나비 찾아드는
고성 만화방초 수목원

헤아릴 수 없이 다양한
저 꽃들 앞에서
서로를 외면하는 우리는

변덕맞거나 진실을 담은,
꽃말조차 이해하지 못하는
화려함만 좇아가는 허수아비라 수런대는
저들의 말을 이해하지 못한다

망초꽃

수상한 세월 떨치려 나선
한낮의 산책길에서
한 무리 망초꽃을 만났다

쓰러질 듯 하찮은 것들의
꼿꼿한 봉기

스러지던 원혼의 환생인가
분분히 일어난 민초들의 함성
환하게 들려오는데

좋은 게 좋은 거라며
그저 웃기만 하는, 나를
향해

뜨거운 향기
훅, 몸을 후려친다

배롱나무꽃

유년의 강변을 늘어서
재잘대던 그녀들

햇살에 빛난 물결 바라보며
뭐가 그리 우스운지
몸을 흔들며 웃었다

가슴까지 빨개진 나는
그 여름 내내
배롱나무 꽃가지 옆으로
다가서지 못했다

파문

무심히 강물을 향해
돌멩이를 던진다

물수제비 원을 그리며
넓게 퍼져간다

청둥오리 떼 놀라
날아올랐다 내려앉는다

파문 위로
파문이 엎어진다

당신과 내가
끊어질 듯 이어져 있다

남매지*

비 개인 하오
남매지 들머리 공원을 지나
느린 우체통 앞에 멈춰 선
중년의 두 남자

퍼져가는 물수제비
두서없이 기억을 건져 올린다
유년의 추억 주섬주섬 꺼내놓으며
출렁이듯 웃음 쏟아낸다

얕은 물가로 몰려든 물고기 떼
솟구치며 연유를 묻고
연잎 고개 치켜들고 두리번거린다

성암산 멀리서 달려오고
은사시나무 반짝이며 뛰어온다
둑 넘어 아파트 불 밝히며 쳐다보는데
남매지 물빛 변함없이 푸르다

* 남매지 : 경북 경산에 위치한 저수지

중산지

날카로운 이빨을 가진
베스 large mouth bass 떼와
무지막지 자맥질하는
오리 떼가

성암산 짙푸른 숲
그 싱싱한 뼈대와 살점을
칙칙한 아파트 콘크리트와
빛나는 유리창을

누구도 주기 싫은 듯
뜯어 먹고 있다

사람들은 대수롭지 않은 듯
힐끔 쳐다보며 지나가고
물결은 두려움도 없는 듯
파랑으로 일며
파문을 전하고 있다

춘천

어둠이 강으로 잠긴다
붉다 못해 어두운 노을의 침묵이 깊다

잘살고 있다 믿고 있지만
참 사는 게 뭔지 모르고 사는 사람들
시간을 거슬러 오르다 멈춰 선다

안개가 무심하게 걸어와 앉고
불빛은 어둠을 쫓아 강으로 모여든다

안개 자욱한 강 표면을 바라보는 일은
뒤돌아보는 일과 같아서 문득, 아득하다

기약의 말들이 안개에 갇혀 자꾸 길을 잃는다
춘천, 누군가 비망노트를 꺼내놓는다

소양강

밝은 햇살 잔잔히 비춘다 해서
소양강이라 했나

무수한 사람들 고요히 흘러들고
고요히 흘러가고

선택받았다고도 하고
버려졌다고도 한다

물빛이 맑으면
사람도 물빛에 어린다 하든가

윤슬 고운
낙조의 새악시 얼굴
그저 붉기만 한데

덩그러니 봉의산
취한 듯 바라본다

의암호

들든지 나든지
가든지 말든지

산 그림자
가슴에 드리우고

속사랑 감추시던
유년의 부모님처럼

말없이 웅크린
저 속 깊은 물짐승

어슬녘 의암호반

어슬녘 나들길 따라 걷다 보면
월인천강月印千江 호수를 물들이고
호수에 반쯤 몸을 담근 붕어섬
손에 잡힐 듯 다가선다

삼악산을 따라 내려온 어스름
호반의 강변을 노닐며
노을 잠시 쉬어가던
카누장 벤치 넌지시 알려준다

휘돌아오던 물길
두물머리 끝에서 쉬어가고
삼악산 케이블카
때 이른 샛별로 떠 있다

강 건너 불빛 무관심한 척
떠나는 이의 길을 비추고 있다

사랑의 발자국

노을 앞에 서 있는
선유도 해수욕장
갈매기가 허공을 쫓는다
온통 사랑이다

날아오른 맹렬함이
불현듯 선회한다
가진 전부를 건 듯
치솟아 오른다

부드러움이
바람을 가른다

사랑을 위해
몸이 단 적이 있었던가 나는

허공에 빛나는 사랑의 발자국들
거침없다

속초 바다

아프다
이리저리 뛰어다닌 탓인지
안 아픈 곳 없이 쑤시고 저리다

아파보니 알겠다
위로받기 위해 산다는 거
속초 바다 앞에서 깨닫는다

뒤통수를 때리고 또 때리고
허리를, 엉덩이를 밀고 또 민다
때리고 밀다 지친 파도는 개중 나자빠지고
바다는 온몸에 멍이 들어 시퍼렇다

한결같은 마음으로 산다는 게
저런 것일까?

고단하고 충혈된 눈으로
위로하는 마음 그 하나를 위해

파도는 아픈 바다를 이끌고
태양은 그들을 다독인다

숲의 울음

흔들리는 숲에서
바람의 울음 환히 들린다

나뭇가지 덩달아 따라 울고
이파리 지난날 그리며 운다

새들은 허공으로 날기 위해 울고
헤아리지 못한 마음 들킬까 숲이 운다

우는 것들 사이의 나도
무한 서성거림의, 저문
기억 끄집어내어 운다

숲의 한가운데
그리운 마음들이 모여 울고 있다

눈물은 흉기다

연인 앞에서만 운다
때를 가려서 우는 법을 안다
울퉁불퉁 각진 눈물은
미련과 연민, 사랑과 미움
복잡 미묘한 다목적 흉기다
헤어지는 연인
헤어지려는 연인
등 돌리는 순간 눈물은 사라진다
아슬아슬 감춰진 설렘이
지금을 살게 하고 있다
우연히 다시 마주치는 순간
참 고마웠다고
참 아름다웠다고
눈물은 그저 당신을 다루던
비장의 무기였다고 스스럼없이
웃으며 말하는 것이다

제4부

인생 총량의 법칙

소서小暑

너희, 이제
다 죽었다 외치던
혹서의
같잖은 협박

새겨듣길
참, 잘했다

65세

우유팩처럼 번지르르한 듯
퍽퍽하고 너부죽한
마시고 난 뒤 버려져
밟힌, 터져버린 풍선처럼
잃어버린 억울 같은, 조금은 가여운

우울해하지는 마
웃다가 울지도 마
65세는
위로가 필요한 나이
지난날 불온함은 저버리는 게 원칙

피다가 만, 저버린 꽃 같은
나이
뼐만 가득한 조개껍질처럼
자꾸 뒤돌아지는 나이

누군가 말해 주지 않아도

망설이지 않는, 도려내지 않아도 될 것 같은

가부좌 틀고 앉은
허방 같은 자리

오피스텔

자꾸 나를 가둡니다
주야장천 고향 춘천에 머물다
벼르고 별러 시작한
퇴직 후의 타향살이 8년

나조차 나를 믿지 못하는 걸까요
전해주지 못한 연애편지처럼
늘그막의 자유를 만끽하지 못합니다

출근길 따라나서는
붉은 눈의 햇살은 그렇다 해도
어둡기 전 낮달은 왜 따라오는 지요
개밥바라기별은 슬그머니
파란 하늘에 몸을 숨기고 있죠

3년에 한 번쯤 못 참겠다 싶으면
몸 숨길 다른 도시 곳곳을 찾아보지만
꽉 막히고 답답한 오피스텔

오피스텔, 거기가 거기죠

어제는 눈 내리는 저녁을
발자국 감추며 숨어 걸었죠
길게 내쉬는 날숨 사이로
아차! 별 하나 반짝입니다

숨어들 곳은 결국
거기뿐이란 걸 알아버렸습니다

해

뭉클하게 전해지는 건 따로 있다
선잠 깨어 번득 건져 올린 시詩 한 수처럼

찾고 찾아 헤매던 그
하늘과 맞닿은 먼 도시
붉은 조명 속 우연히 찾아드는 묘령의 여인과
금세 무너져버릴 성 밤새 쌓다가
일출처럼 어둠을 뚫고 새벽 안으로
덜 깬 얼굴로 돌아오던 그

젊기 때문이었을까
삶의 정열이 넘쳐서였을까
어쩜 식지 않은 사랑 남아 있어 그랬을까

그가 살아있어 좋았을까
내 외로움이, 고독이 싫어서였을까

되풀이되지 않기를 바라는 게 있고

늘 같은 날이기를 바랄 때가 있다
꿈이 아닌 현실이 약일 때도 있다

어제를 지나 오늘을 건너
내일이 두려워지기 시작할 때
나는 붉은 새벽바다 앞에 선다

낭만을 찾았습니다

춘천시 효자동 541-6
벽화 골목에 살고 있다는 낭만
주머니 뒤지듯 샅샅이 뒤져 찾아보는데

뻥튀기 아저씨의 우직한 손길에도
버드나무 아래 사춘기 수줍은 고백에도
붕어빵과 군고구마의 달콤한 추억에도
겨울밤 골목마다 울려 퍼지던 찹쌀떡 파는 목소리에도
세월의 냄새 가득한 채취만 언뜻 보이고
정작 낭만은 퇴거도 없이 행방불명 중

그래도 포기할 수 없어
물결 거슬러 오르는 연어처럼 다시 돌아보는 골목
마주쳐오는 정체불명의,
파란 하늘의 모습으로 수줍은 청춘의 모습으로
노을 같은 추억의 모습으로 책갈피 속
단풍낙엽의 모습으로 앞을 막아서는 무리

어물쩍 지나치려다 통성명하니 이름이 ㄴ ㅇ ㅁ ㄴ
내 안의 숨어있던 잊었다 믿어왔던 이름 ㅏ!

낭만은 어디에도 없었던 게 아니라 그냥 머물러 있었던 것
다만 돌아가 쉬이 만날 수 없었던, 고귀한 선물
보고 싶을 때 가끔 그리움을 핑계로
이들과 함께 그 골목을 찾아가는 것이다

어둑한 남자

 회색빛 우울 무겁게 눌러쓰고 의미를 알 수 없는 미소 짓는 남자, 깡마른 눈빛으로 정면을 향할 땐 소름이 돋는 남자, 담배 연기 한 모금으로 허공에 인생을 그리는 남자, 휘젓는 팔이 땅에 닿을 듯 휘적이는 남자, 여분의 좌석도 없이 하루를 내달리는 남자, 휘날리는 머릿결 넘기며 마주 오는 바람의 가슴을 떠미는 남자, 지난 바람이 다시 돌아와 밀어버릴 것 같은, 소란하지 않은 남자, 스치듯 지나는 풍경에 가슴을 내어주는 남자, 저물녘 노을 말없이 바라보다 돌아오는 길 백열등 포장마차에 닻을 내리는 남자, 소주 한 잔에 노櫓를 멈추는 남자, 어디로 가지, 어디로 가는 걸까 나는 누구지 꼬인 혀로 서툴게 던지던 질문조차 매번 잊어버려 등댓불을 향하듯 펄럭이는 어둠 속으로 사라지는 남자, 희미하지만 꺼지지 않는, 매일 시간을 거슬러 올라 어두운 생의 바다로 던져지는 남자, 가끔 산다는 게 어색한 저 남자

부고

강릉 사시는
105살까지 장수하신
친구의 장모님이 돌아가셨다는
부고를 받았다

파주에서 강릉까지
너무 멀어
가지 못한다 전하면서

세상은 수시로 변화해 가고
100세까지 사는 게 낯선 일이 아닌지라
어쩜 나 같은 사람도
30년쯤 편안히 더 살 수도 있겠다는
안도의 치졸함이 파도처럼 넘실거렸고

갈 수 없어 다행인 속마음이 돌부리에 걸린 것처럼
역겨운 트림을 해대는 것이었다

꿈夢

무의식이 의식을 가둔다
모습을 확인하고 경계를 들여다본다

살가운 얼굴들은
마땅찮은 핑계처럼 스쳐 지나고
내 것이 아닌
헛것들이 예고도 없이 다가선다

맑은 하늘에 느닷없는 우레처럼
두서가 없고 인과조차 없다

포크를 든 채 잠든 사람*이 보이고
깨진 받침 접시의 비명이 들린다

찰나의 비밀을 감추기 위해
밤을 지새운 한 사람이 서 있다

전해줄 말이 있었는데

금세 잊어버렸다

* 살바도르 달리(초현실주의 화가, 1904~1989)는 꿈을 기억하여 그리기 위해 접시를 받치고 포크를 든 채 잠을 잤다고 함

세월

파리한 나를 떠받치고 서 있는
넙데데한 저 이 누구인가?
미동도 없이 버티고 있는
안간힘의 미더움은 또 뭔가?

일우명지一牛鳴地의 거리에서
생의 조각을 모으는 이 누구인가?
스스럼없이 속 뒤집어 보이며
속삭이듯 전하는 은밀한 말의 의미는 또 뭔가?

나보다 나를 더 잘 아는 표정으로
나를 들여다보고 있는 낯익은 이여

꿈꾸듯 걸어온 길의 흔적 돌아보는
저도 따라 늙어가는 흰머리의 사자使者여

저를 지키는 위로의 잔잔한 말들과
절절한 울음이 박혀 있는 저 길
문득 아득해지는 이유는 뭔가?

인생 총량의 법칙

엊저녁엔 문화재단 전문예술지원 공모에 선정됐다는 축하 전화를, 오늘 아침엔 전무이사로 승진됐다는 소식을, 제시간에 오는 버스에 올라탄 것처럼 담담한 척 당연하게 받아들였다

저녁엔 부지불식 미안하단 사과의 말 한마디 듣지도 못한 주행 중 후미 추돌 교통사고를 당했다

해내야 할 숙제처럼 감내해야 할 인생의 행복과 불행의 합을 나누어보면 반드시 만나야 할 그대처럼 반쯤은 행복으로 반쯤은 필연의 불행을 가리킬 테지만 싱겁게 풀려버린 수수께끼처럼 유한한 테두리 안에 모아놓은 정교한 생의 교집합이다

벗어날 수 없는 운명처럼 어디서 어떻게 이미 만났었을지도 모를 넓지 않은, 둥근 지구 안에 또 다른 둥근 경계 속에서 이어진 올 것은 오고야 만다는 교묘한 인생 총량의 법칙

까짓 자동차 고쳐 쓰면 되는 것이고
아픈 목이며 허리는 치료하면 그뿐
행복 중 작은 액땜이라 여기며
악다구니 없이 미움도 크게 않게
마무리하길 참, 잘했다

경산

반갑다는 수인사가 시장통 왁자한 외침 같기도 하고 사랑한다는 발그레한 말이 썰렁한 개그 같기도 하고 함께 하자는 말이 무지막지 삿대질 같기도 하지만

성암산 정상에서 내려다본 빛나던 도심의 야경 그럴싸한 거기 같기도 하고 한 가지 소원은 꼭 들어주신다는 팔공산 갓바위 관봉석조여래좌상의 그윽한 미소 같기도 하고 사과꽃 복사꽃 한아름 품어 안은 고향 춘천 종일 볕 드는 유포리 어디쯤 같기도 한

맞잡고 바라보는 듯하면서도
수줍어 머뭇거려야 했던
어지간한 거리의 말들도
아무렇지 않게 내뱉듯 던지는

그래서 경상도라 했던가

돌아보고 또 돌아보며
욕망과 원망이 뒤엉킨
후회로 살아온 날들이 새삼

덧없어지고 우스워지는데
뭣하냐며 손을 잡아 이끄는

사람이 사람 같아 보이는
경산

무채색이 어떨까

세상을 한 가지 색으로 칠해야 한다면
어떤 색이 좋을까요

붉은색의 어떤 날은 진보적으로 흔들릴 테고
회색빛이 유언비어처럼 떠도는 날엔
괜스레 쓸쓸해지고 우울해질 테죠
파란색이 유난히 춤을 추는 날이면
사람들도 들떠 강물처럼 출렁일 겁니다

도시 창밖은 온갖 색깔로 뒤섞여
방향도 없이 바쁘게 뛰어갈 테고

대체 어떤 색이 세상과 어울릴까요?

언제 한 번 날 잡아
때 빼고 광도 내가면서
용서하고 안아주고 덮어주고
끌어주고 밀어줄 수 있는

색은 색이되 색깔이 없는
무채색으로 칠해보면 어떨까 합니다

오죽하면

예나 지금이나
강자의 역사로 점철된 지구
참 살기 어렵다

우크라이나와 러시아 사이가 그렇고
중국과 미국이 이스라엘이
어수선한, 누구라도 다르지 않다

아무렇지 않은 듯 사는 내가
이상하게 보인다

추운 날씨 빼곤 별일 없는
보름달 훤히 비추는 산책로
마주 오는 검은 저 사람
바람처럼 휑하니 지나가는데

두근대는 가슴
매만지는 날 쳐다보던

달그림자 속으로 몸 숨긴 옥토끼
오죽하면 손가락질 해댄다

| 작품해설 |

견고堅固한 삶, 최선最善의 실현實現
― 정중화 시집, 『냉장고를 사야 하는 이유』를 읽고

구 재 기
(시인 · 한국문인협회 부이사장)

| 작품해설 |

견고堅固한 삶, 최선最善의 실현實現
— 정중화 시집, 「냉장고를 사야 하는 이유」를 읽고

구 재 기
(시인 · 한국문인협회 부이사장)

    시는 시인의 사상(事象), 즉 시인이 관찰할 수 있는 형태를 취하여 나타나는 여러 가지 사물과 현상을 언어라는 표현 수단을 통하여 강제적으로 새롭게 일반화 내지는 보편화를 함으로써 시인 나름으로 이미 관념화 되어 있는 것을 구체적인 행동이나 형태로 표현하거나 실현한 창조물이라 할 수 있다. 이에 따라 시인은 시를 통하여 어떠한 사상에 생기를 주어 힘차게 하고, 실제보다도 높고 소중한 가치가 부여해 주면서, 이미 존재하고 있는 가치를 보다 더 고상하고 깨끗한 존재로서 한 편의 시작품으로 재생산해 놓는다. 이와 같은 과정을 통하여 한 편의 시는 여러 가지 정서적 반응에 따라 수없이 많은 이미지들로 하여금 새로운 실체를 재구성하도록 함으로써 본래 가지고 있던 실재를 보다 더 높은 차원의 가치를 부여해 준다.

따라서 시는 시인의 눈에 따라 보다 더 아름답고 순수하고 위대한 것으로 표현되는 것이며 이미 대상에 뒤덮혀진 상징과 비유로부터 벗어나 지금까지 전무후무(前無後無)한 새로운 존재를 말해주고 있는 아름다운 생(生)을 알게 된다.

아내 웃는 모습이 하얀 민들레꽃 같습니다

대추나무 사과나무 밑에서 슬쩍, 조팝나무 울타리를 따라 몸을 내미는 봄볕 같습니다

땀이 밥인지도 모르고 홀씨 되어 따라온 새색시가 드세고 달착지근한 질경이가 되었습니다 어떤 날은 풀비린내 나는 쇠비름 같기도 하고 또 다른 날은 묵나물 같은, 한 다발 내 품에 안겨 온 개망초 같기도 합니다

움트기 시작한 봄날을 거닐며 스물일곱 민들레꽃 같은 파릇파릇한 날의 그녀로 돌아갑니다 돌아나는 저 풀꽃들이 예순 고개 한참 넘은 아내를 아지랑이처럼 간지럽히고 있습니다

텃밭 가꾸기 한답시고 물큰하게 익어가는 아내를 새삼 지켜보
　고 있는 겁니다

　　　　　　　　―「텃밭 가꾸기」 전문

　이 시작품에서 화자는 '텃밭 가꾸기'를 하는 아내의 웃는 모습으로부터 '하얀 민들레꽃'을 발견하게 된다. 이쯤에서 아내는 이미 화자의 '아내'가 아니라 '민들레꽃'으로 재탄생되어 있다. 원줄기 없이 모든 잎은 뿌리에서 나와 비스듬히 서며 자라면서, 처음에는 꽃자루 잎보다 짧게 나와 그 끝에 하얀 꽃송이가 꽃대의 끝에 뭉쳐 붙어서 머리 모양을 이룬 두상호로 한 깨씩 달린다. 꽃이 피고 열매가 맺힐 때쯤엔 꽃자루가 잎보다 훨씬 길어지는 민들레꽃, 이러한 구체적인 하얀 민들레꽃은 화자에 의하여 재탄생된 아내의 모습이다. 그리고는 다시 '대추나무 사과나무 밑에서 슬쩍, 조팝나무 울타리를 따라 몸을 내미는 봄볕'으로 환치된다. 뿐만 아니라 일상생활에서 '땀이 밥인지도 모르고 홑씨 되어 따라온 새색시가 드세고 달착지근한 질경이'로, '풀비린내' 나는 야생 식물과 같은 근성을 가진 '쇠비름'으로, 제철에 뜯어서 말려 두었다가 이듬해 봄에 먹는 나물 같은 '묵나물'로, 언제 어디서나 만날 수 있는 다정하고 순수한 '개망초'로 아내의 이미지는 강제적으로 보편화되면서

아내는 아름답고 순수하고 위대한 모습으로 구체화된다.

　이러한 아내의 모습은 '움트기 시작한 봄날을 거닐며 스물일곱 민들레꽃'으로 피어 지난날의 아름다운 추억 속의 '파릇파릇한 날의 그녀'로 돌아가고, '돋아나는 저 풀꽃들이 예순 고개 한참 넘은 아내를 아지랑이처럼 간지럽히고 있'는 체현된 정경 속에 묻히게 된다. 이에 따라 화자는 '텃밭 가꾸기 한답시고 물큰하게 익어가는 아내를 새삼 지켜보고 있는' 보편화한 것을 일상생활 속에서 체현해냄으로써 활기를 찾게 하고 현실적 삶의 가치를 새롭게 구현해낸다.

　사실 시인은 일상의 생활 중에서 어떠한 상황이나 사물로부터 느끼는 어떠한 개인적인 정서로부터 새로운 것을 찾거나 찾으려는 노력의 결과에 따라 단순하거나 복잡한 것을 표현하려고 노력하곤 한다. 그 결과 이제까지 보아왔던 것으로부터 한참을 벗어나거나 전혀 새로이 보이는 것을 표현함으로써 발견하는 문자 표현의 한 양태에 스스로 즐거움을 느끼게 되는 것이며, 이를 바라보는 다른 사람의 정서의 실마리를 끌어내 줌으로써 새로운 즐거움을 느끼게 해주기도 한다.

　　마주 보고
　　환하게 웃었다

착각은 순간밖에 위안하지 못한다는 말에
영원이 어두워졌다

내일이 까마득해졌다
잘못을 시인하고 싶지는 않았다

전등 불빛이 뿌옇게 흐려졌다
부둥켜안고 바라보고만 있었다

시간이 멀뚱멀뚱 쳐다보고 있었다

—「거울」 전문

　이 시작품 속에서 화자는 한 장 〈거울〉 앞에서 '거울'과 마주 보고 있다. 아니 거울 속의 '나'와 서로 마주 보고 있다. 거울을 마주하는 순간 화자는 자신이 마주하고 있는 거울을 인식하거나 거울과 마주하고 있다는 사실을 굳이 인식하고 있지 아니한다. 마주 보고 있는 〈거울〉을 인식하고 있기보다는 '거울' 속의 화자를 보고 있다는 사실만을 오히려 인식하고 있는 것이다. 그리고 그러한 사실에서 거울 속의 화자와 '마주 보고/환하게 웃었다'는 사실에 인식의 깊이를 높이고 있다. 그러한 가운데 '환하게 웃었다'는 사실을 하나의 '착각'으로 인지

하고 있음을 깨닫는다. 그러면서 그렇게 '환하게 웃었다'는 것을 '착각'으로 '순간밖에 위안하지 못한다는 말'에, 즉 '환하게 웃었다'는 사실이 실은 '착각'으로 인하여 '순간밖에 위안하지 못한다는 말에' 그만 '순간'이 아니라 '영원까지 어두워졌다'는 것을 깨닫게 된다. 한순간의 거울을 보고 있는 순간에 '환하게 웃었다'는 것이 결국 '순간밖에 위안 하지 못한다'는 생각으로 인하여 '영원이 어두워졌다'는 사실로의 확산으로 인하여 단순하게 <거울>에 비친 화자 자신의 미래, 즉 '내일이 까마득해졌다'는 것이며, 이것은 화자 자신의 내면적 인식의 그릇된 '착각'의 결과인 줄 알게 되었지만 화자는 굳이 이를 화자 자신의 '잘못을 시인하고 싶지 않다'고 말한다. 이는 일종의 자기 부정의 인식으로 자기 자신의 존재를 부정하는 일로서 변증법적 발전의 논리에 있어서 존재의 가장 근본적인 성격의 하나이기도 하다.

　이와 같은 화자의 자기 부정은 화자를 현실적인 삶의 상황을 '전등 불빛이 뿌옇게 흐려 졌다'는 것을 인식하게 되고, 결국에는 그러한 상황에 '부둥켜안고 바라보고만 있었다'면서 직접 관계하거나 그러한 상황에 적극적으로 대처하지 아니하고 오히려 체념한 듯 삶에 지친 모습을 그대로 보여주고 있다. 이에 따라 과거, 현재, 미래로 이어져 머무름이 없이 일정한 빠르기로 무한히 연속되는 시간의 흐름 속에서 무기력하게 살아가고 있는 현대인의 일 면목을 그대로 보여주고 있거니와 한 시점에서 다른 시점까지의 사이의 시간 속에서 살아가고 있는 자기 자신에 대한 의식이나 관념에 대한 무기력한 현대인의 한 모습을 발견하도록 해준다.

  이 세상 살아가고 있는 사람이라면 누구에게나 가장 긴요하고 중대한 현실은 자신으로부터 비롯한다. 현실 속에서 어떻게 존재하고 있는가. 자신의 존재에 관한 일을 어떻게 해설하려고 노력하고 있는가, 그렇다면 화자는 현실 속에서 살아가고 있는 자신의 모습을 어떠한 존재로 인식하고 있는가. 현실이 이상과 결합하였을 때 과연 무엇을 확인하고 있는 것일까.

나는 나무입니다
푸른 산국山國의 수호자이자
광활한 사막 오아시스의 이정표입니다
누군가의 안식처이지만
삶의 방향을 바꾸지는 못합니다

나그네의 쉬어갈 그늘이자
듬직한 동반자의 가슴입니다
안온한 품이거나 기댈 수 있는
푸른 하늘입니다

시간을 거슬러 오른

어제이자 오늘 그리고 내일입니다
오는 것들과 가는 것들에게
마음을 전하는 전달자입니다

더 넓게 더 높이, 라는 가치로
쓸모를 가리는 세상이 가끔 편치 않고
새들의 소슬한 날갯짓에 외로워지기도 하지만
그늘의 틈새로 새어드는 햇살에
비로소 숲임을 깨닫는 나무

세월의 뒤안길에서
잘 살았구나, 돌아보며
이파리 가만히 흔들어보는
나는 늙어가는 나무입니다

— 「늙어가는 나무」 전문

  화자는 먼저 이 시작품에서 '나무=나'로 정의하면서 '나무'를 통하여 화자 스스로의 존재를 확인해주고 있다. 그리고 '나무'는 곧 '푸른 산국山國의 수호자이자/광활한 사막 오아시스의 이정표'라고 아예 정의(定義)해놓고 있다. 화자에 의하면 '나무'에 대하여 어떤 개념의 외연에 대하여 내포를 구성하는 여러 속성 가운데 본질적인 속성을 제시하여 그 내포를 한정하고 있는 것이다. 따라서 이 시작품에서 '나무'는 수호자(守護者)이며 이정표(里程標)라는 것이다. 즉 푸른 산을 지키고 보호해 주고 있으며, 발전 과정에 있어서, 획기적 계기나 지침이 될 만한 사방향이나 거리 등을 적어 세워 놓은 표지이다. 다시 말하면 나무는 삶의 방향을 확신하는 미래로 나아가도록 제시해 주는 역할을 하고 있는 것이다. 또한 '나무'는 '시간을 거슬러 오른/어제이자 오늘 그리고 내일' 일 뿐만 아니라 '오는 것들과 가는 것들에게/마음을 전하는 전달자' 로서 초월적인 존재이며 도반이기도 하다.

여기서 신(神)을 '우주 만물과 인류를 창조하고 구원하는 존재' 라 할 때 화자에게 있어서는 '나무'는 곧 신과 같은 존재이다. 여기에서 잠깐 J.W.괴테의《신(神)과 심정(心情)과 세계(世界)》를 살펴보기로 하자.

단순히 외계로부터 세계를 움직일 수 있는 신이란 무엇인가. 그 손끝으로 우주를 회전시키는 신이란 무엇인가. 세계를 내부로부터 움직이게 함으로써 참신(神)이다. 자연을 자기 속에 지니고 자기를 자연 속에 포함시키고, 그 속에 생동하고 존재하는 전부가 그의 힘을 나타내고 그의 정신을 마음에 새겨 지킴으로써 정신이다.

그러므로 화자에게는 한 나무는 '나그네의 쉬어갈 그늘이자/듬직한 동반자의 가슴'인 것이며, '안온한 품이거나 기댈 수 있는/푸른 하늘'이거니와 곧 신이기도 하다. 이에 따라 '나무'는 또 '시간을 거슬러 오른/어제이자 오늘 그리고 내일'인 시간을 초월하는 초시간적 존재인 것이며, '오는 것들과 가는 것들에게/마음을 전하는 전달자'인 초능력자인 것이다. 또한 '나무'는 '더 넓게 더 높이, 라는 가치로/쓸모를 가리는 세상이 가끔 편치 않고/새들의 소슬한 날갯짓에 외로워지기도 하지만/그늘의 틈새로 새어드는 햇살에/비로소 숲임을 깨닫는 나무'인 까닭에 화자의 '모든 것'이 곧 '나무'인 까닭에 화자의 정신이기도 하다. 그러므로 결국 화자는 '나무'로부터 세월과 함께 〈늙어가는 나무〉가 되어 신(神)과 함께하는 전체인 것이기도 하다.

나무가 아니라고 하지 마라
어떤 말로도 나무라지 마라

한때 하늘 쳐다볼 틈새 없이
빽빽하고 풍성했던 적 있었다
지나는 바람도 귀 기울여 주었고
자리마다 햇살 다가서기도 했다

일출도 노을도 흐르는 물길까지도
조신하게 어깨를 기대오곤 했다

가지는 하늘에 닿을 것처럼 뻗어
층층나무의 손을 잡기도 했다

초록 속의 갈색 불안처럼
어떤 가지는 흔들리고 꺾여
낙엽 진 후 고요처럼 앙상해지기도 했다

바람 불어 춥고 외로워지는 날에는
한번 본 적 없는 타인처럼
냉정하게 도리질하듯 회오리치는
계절의 뒷모습을 바라보며
아름아름 가지를 흔들어보는 것이다

―「겨울나무」 전문

 앞의 시작품 「늙어가는 나무」에서 화자는 한 그루의 '나무'를 신(神)과 동일한, 우주 만물과 인류를 창조하고 구원하는 존재, 초월적인 존재의 모습으로 창조해냈지만, 이 시작품에서는 자연의 일부인 자연물로서 인간과 함께 동일화(同一化)

를 이루고 있는 물아일체(物我一體)의 존재(存在)로 하고 있다. 즉 '나무'라는 일체 대상과 그것을 마주한 화자 사이에 어떠한 구별도 없는, 주체와 객체의 분별심이 사라져 조화를 이룬 진실한 세계를 이루어놓고 있다. 흔히 시인은 자연과 교감하며 물아일체의 경지에 이르는 많은 시를 써 왔지만 화자는 '나무가 아니라고 하지 마라/어떤 말로도 나무라지 마라'고 외치면서 모든 것을 다 버리고 혈혈단신(孑孑單身)으로 서 있는 〈겨울나무〉를 어엿한 자연 속의 나무로 보지 않고 외면해 버리는 세태에 일침을 가하고 있다. 즉 마음과 형체가 구분됨이 없이 일치된 상태를 나타내고 있다. 즉 내면과 외면, 정신과 물질, 생각과 행동이 완전히 조화를 이루면서 하나가 된 경지를 나태내고 있거니와 이는 '나무'라는 자연과 인간과의 조화를 상징하여 놓은 작품이라고 할 수 있다.

먼저 화자는 완전히 가진 것이 없는 현실의 '겨울나무'를 바라보면서, '한때 하늘 쳐다볼 틈새 없이/빽빽하고 풍성했던 적 있었다'고 〈겨울나무〉의 지난날을 되돌아보고는 '지나는 바람도 귀 기울여 주었고/자리마다 햇살 다가서기도 했다/일출도 노을도 흐르는 물길까지도/조신하게 어깨를 기대오곤 했다'고 회고한다. 그리고는 곧 화자는 '가지는 하늘에 닿을 것처럼 뻗어/층층나무의 손을 잡기도 했다'면서 〈겨울나무〉와 동일화(同一化)의 모습을 그려놓는다. 그야말로 물아일체(物我一體)의 경지에 이른 것이다. '초록 속의 갈색 불안처럼/어떤 가지는 흔들리고 꺾여/낙엽 진 후 고요처럼 앙상해지기도 했다'면서, 화자 스스로 대립과 갈등 속에서 살아가는 현실적인 삶을 묵묵히 견디어내고 있는 〈겨울나무〉의 삶과 동병상련(同病相憐)을 그려놓는다. '바람 불어 춥고 외로워지는 날에는/한 번 본 적 없는 타인처럼/냉정하게 도리질하듯 회오리치는/계절의 뒷모습을 바라보며/아름아름 가지를 흔들어보는' 상련(相憐)의 마음을 헤아릴 수 있지 아니한가.

  일찍이 T.S. 엘리엇은 《전통과 개인의 재능》이란 글에서 "시란 감정의 해방이 아니고 감정으로부터의 탈출이며 인격의 표현이 아니고 인격으로부터의 탈출이다"고 말하였으며, 또 《평론선집》에서는 "시의 세계로 돌아온 철학 이론은 붕괴되는 법이 없다. 왜냐하면 어떤 의미에서 볼 때 그것이 진리이건 우리가 오류를 범했건 그런 것은 이미 문제가 되지 않으며, 의미하에서는 그 진리가 연속성을 유지하기 때문이다"고 말한다. 그는 또 '시란 무엇은 사실이다' 하고 단언하는 것이 아니라 그러한 사실을 '우리로 하여금 좀 더 리얼하게 느끼도록 해주는 것'이라 말한다.

    아파트 신축 현장
    쓰임 없는 자재들 모아놓은 담장 벽
    무릎 꿇고 두 손 들고 있는

손수레에게
뭘, 잘못했느냐 물었습니다

대답도 없이
자꾸 제 바퀴만 돌렸습니다

군대 제대하고 빈둥대던 시간
참다못한 아버지
뭘 하고 살 거냐 닦달 같은 성화에
머리만 긁적이던 때가
내게도 있었습니다

—「손수레」 전문

위 시작품에서의 배경은 '아파트 신축 현장'이다. 그 현장은 이미 '아파트 신축'하는 데에 전혀 도움이 안 되는, 이미 쓰일 대로 쓰이고 난 다음에 버려진 폐자재들이 제멋대로 버려져 있는 '담장 벽'이다. 그 중에서 손수레들이 벽에 기대인 채로 버려져 있다. 그 모습은 마치 인간들이 무엇인가를 잘못하여 '무릎 꿇고 두 손 들고 있는' 모습같이 보인다. 의인화된 '손수레'들이다. 어쩌면 제도권의 교육 현장에서 잘못하여 벌받고 있는 모습을 화자는 발견하였는지 모른다. 화자는 벌받는 모습의 '손수레'에게 '뭘 잘못했느냐고' 묻는다. 그러나 '손수레'는 '대답도 없이/자꾸 제 바퀴만 돌렸'다. 어쩌면 아무런 잘못을 하지 않았다는 듯이 묵묵부답(默默不答)이다. 아니 아무런 대답을 하지 않고 억울하게 버려졌다는 데에 대한 항의의 표시이기도 하다. 그러나 "일로서 조금도 단죄되지 않은 일이 훨씬 많이 있다. 이런 의미에서 신(神)은 실로 이상한 존재이며, 악(惡)과 반역과 함께 선(善)과 자비도 벌(罰)을 주는 것이므로, 나는 이 사람이 하는 악뿐만 아니라 선(善)도 동시에 벌(罰)을 받는다는 사실을 인정하지 않으면 안 되었다."(O.F.O.W. 와일드의 《옥중기獄中記》에서)"고 한다. 이러한 의미에서 위 시작품 속의 '손수레'는 '악뿐만 아니라 선도 동시에 벌을 받는다는 사실을 인정하지 않으면 안 된다'고 할 수 있다.

이와 함께, 화자는 '손수레'를 보고 '군대 제대하고 빈둥대던 시간/참다못한 아버지/뭘 하고 살 거냐 닦달 같은 성화에/머리만 긁적이던 때가/내게도 있었습니다'는 사실을 떠올리게 된다. 이때의 화자는 그가 '손수레'처럼 버려진 벌을 받고 있었다는 사실을 다만 인정하지 않은 채로 아무런 대답을 하지 않고 있을 뿐이라는 것을 무언(無言)으로 인정하고 있다는 것을 보여준다. 특히 이 시작품에서 '대답도 없이/자꾸 제 바퀴만 돌'리고 있는 모습이 '군대 제대하고 빈둥대던 시간'으로, 그리고 '무릎 꿇고 두 손 들고 있는/손수레'가 '뭘 하고 살 거냐 닦달 같은 성화'로 환치되어 있는 모습과 더불어 '머리만 긁적이던 때'의 모습은 시는 반드시 생명이 있는 곳이라면 언제든지 충일하게 넘쳐나는 데에서 사람의 마음을 뒤흔들어주는 영혼을 이끌어가는 것임을 말해주고 있는 듯하다.

이와 같은 의미에서 「자화상」이라는 작품 또한 살펴볼 필요성을 느끼게 한다.

하찮은 일밖에 없었다
뜻밖의 일들이 가끔 다니러 왔다
섭섭했지만 반갑기도 했다
그러려니, 했지만
역시나, 하는 생각에 눈물이 났다
꾸역꾸역 하루가 지나가기도 했다
현실은 언제나 목이 메었고
희망은 꿈속의 상상 같았다
후회는 후회를 낳기도 했지만
늦게 만난 날은 생각보다 밝았다
진즉 만났으면 바랐지만 이미
만난 우리였다
세월이 약이란 말에 삶이 가벼워졌다
저물녘 노을이 새삼 붉다

—「자화상」 전문

일상생활에서 흔히 '하찮은 일밖에 없었다/뜻밖의 일들이 가끔 다니러 왔다'는 것을 깨닫고는 하지만 곧잘 '섭섭했지만 반갑기도 했'고 또한 '그러려니, 했지만/역시나, 하는 생각에 눈물이 났다/꾸역꾸역 하루가 지나가기도 했다'는 것을 다 지나고 나서야 비로소 깨닫기도 한다. 홀연 '우물쭈물하다 내 이럴 줄 알았지'라는 그의 묘비명으로 오늘날 세계에서 가장 유명한 묘비명 중 하나를 남기기도 한 조지 버나드 쇼(George Bernard Shaw,1856~1950)의 말이 떠오른다. 시인(시인뿐만이 아니라 글을 쓴다는 작가 모두)에게는 자신에게 주어진 유일한 시간은 언제가 살고 있는 '지금'이다. 지금은 언제나 시인에게 시를 만들어주고 있다. 그 속에서 화자는 '꾸역꾸역 하루가 지나가기도 했다'고 인식하게 되고, 인식함으로써 '현실은 언제나 목이 메었고/희망은 꿈속의 상상 같았다'를 깨닫는다. 그리하여 '후회는 후회를 낳기도 했지만/늦게 만난 날은 생각보다 밝았다'는 것을 깨닫게 된다.

화자는 결국 '진즉 만났으면 바랐지만 이미/만난 우리였다'는 것을 인식하기에 이른다. 여기에서 '우리'란 '지금' 속에 공동체를 형성하고 있는 사회적 동물임을 확인한다. 'Man is by nature a social animal' -. 이 말은 아리스토텔레스는 인간의 본성에 대한 깊은 이해를 바탕으로 한 말이다. 인간은 혼자서는 살아갈 수 없는 존재로, 다른 사람들과 교류하며 공동체를 이루어야 한다는 것이다. 사회적 동물이라는 개념을 통해 인간의 사회성을 강조하며, 서로 도움을 주고받으며 함께 성장해 나가야 함을 일깨워주기도 한다. 그러면서도 '세월이 약이란 말에 삶이 가벼워졌다'는 것을 뒤늦게 깨닫는다. 그렇게 화자는 '지금'의 이 순간에 끊임없이 되풀이되는 삶을 영위하면서, '저물녘 노을이 새삼 붉다'는 사실을 재확인하며 '지금' 살아가는 자신을 발견하고 있게 되는 것이다.

본 시집의 표제가 되고 있는 「냉장고를 사야 하는 이유」라는 작품을 살펴보기로 한다.

  당신은 변하지 않을 거죠, 묻고
  한 걸음 다가서요
  닿을 듯 말 듯 몸은
  뜨거워졌다가 식어가요

  당신은 또, 저만치 멀어지고

  나는 당신 내면의 갈등을 상상하고
  당신은 내 기분을 살피죠

  무엇으로 무엇을 떠올리기는 싫어요
  그때그때 다르고
  어차피 피차일반

서로에게 향할 테니까요

　　당신이 강변을 걸을 때 나는
　　안개 숲으로 향해요 불안을 안고
　　같은 방향을 가는 레일처럼
　　변해가는 당신을 생각하죠

　　냉장고 문을 열었을 때
　　훅, 쳐들어오는 냉기

　　그래요 당신이나 우리
　　변하지 않고 숙성될
　　공간이 필요해요 지금 당장
　　냉장고를 사러 가요

　　　　　　　　　—「냉장고를 사야 하는 이유」 전문

　냉장고의 주요 기능은 먼저 식품을 신선하게 보존하는 물리적인 의미를 먼저 떠올린다. 냉장고는 저온으로 유지되는 공간에서 음식을 저장하여 부패를 방지하고 신선도를 유지할 뿐만 아니라, 다양한 식재료의 보관에 적합한 온도 조절 기능을 가지고 있다. 과일과 채소는 적절한 습도와 온도에서 저장되어 신선함을 유지할 수 있으며 육류와 해산물은 낮은 온도에서 저장하여 부패를 방지하기도 한다. 뿐만 아니라 얼음과 물을 제공하는 얼음 제조기, 물 디스펜서Dispenser 등의 편의 기능도 제공하고 있다. 이와는 반대로 심리적인 의미를 생각할 수 있을까. 화자는 '냉장고'를 통하여 '내면의 갈등·기분·불안·숙성' 등 마음의 작용과 의식의 상태를 비견한다. 즉 의식의 내면적인 움직임이나 개별적 및 상대적 환경에 적응하는 상호 작용에 따른 의식의 작용 및 현상을 밝히면서 이를 '냉장고'라는 물리적 기능에 비견하고 있다. 화자는 먼저 '당신은 변하지 않을 거죠, 묻고/한 걸음 다가서요/닿을 듯 말 듯 몸은/뜨거워졌다가 식어가요'라 말한다. 이미 화자는 '냉장고'에서처럼 변할 줄 모르는 '보존'의 심리를 갈구하면서 말이다. 즉 '나는 당신 내면의 갈등을 상상하고/당신은 내 기분을 살펴'고 있다. 그리고는 '상상'을 하고 있는 '내면의 갈등에 따라' '무엇으로 무엇을 떠올리기는 싫'다고 토로한다. '냉장고'처럼 보존되어 변하지 않는 것이 아니라 '그때그때 다르고', 그리 다르다는 사실이 '어차피 피차일반/서로에게 향할' 것이라는 것을 예측하고 있기 때문이다.

 이와 같은 '상상'은 화자로 하여금 '당신이 강변을 걸을 때 나는/안개 숲으로 향해요 불안을 안고/같은 방향을 가는 레일처럼/변해가는 당신을 생각하'게 되면서 '냉장고 문을 열었을 때/훅, 쳐들어오는 냉기'를 떠올린다. 그 순간 화자는 '그래요 당신이나 우리/변하지 않고 숙성될/공간이 필요'하다는 것을 깨닫고는 '지금 당장/냉장고를 사러 가'자고 '당신'에게 행동을 함께할 것을 요청한다. 냉장고가 가지는 물리적인 기능으로 하여금 화자는 심리적인 무변(無變)의 기능을 희구하고 있으며, 그것이야말로 영원히 변하지 않는 사랑에의 추구, 즉 〈냉장고를 사야 하는 이유〉가 된다. 냉장고의 이점 중 하나는 음식의 재활용과 적절한 식사 계획을 도와준다는 것인 만큼 안존한 사랑을 강화하는 역할을 함은 물론 냉장고가 올바른 온도와 조건에서 '변해가는' 위험을 없애고 식품 안전을 유지해 주듯 영원한 사랑을 빛낼 수 있다는 확신을 가진다. 따라서 화자는 오늘날의 냉장고처럼 자동으로 특정 물질이나 액체를 정해진 양으로 분배하는 기능까지 다해주기를 바라고 있는지도 모른다.

  이와 같은 화자의 소망은 여느 시작품을 살펴보아도 전체의 시작품이 함의하고 있다고 할 수 있겠으나, 특히 시작품 「이가 빠졌다」는 한 작품을 통해서도 알아볼 수 있다. '음식물이 새어 나오고/걱정하는 아내의 말과/괜찮다는 내 말이/대나무숲 바람 지나듯/숭숭 지나쳐가고/지나온 시간들이 주마등처럼 스쳐'가는 한 모습이요, 이는 '환갑 진갑 다 지나고/지금껏 버티고 살아온/대견한 삶의 흔적들'이라는 것을 꿰뚫어 본 혜안(慧眼)의 결과로서 나타나 있음을 보여준다. 그것은 곧 '든 자리는 몰라도 난 자리는 안다고/새삼 대견스럽기도 하고/허전하기

이를 데 없다'는 삶의 관조(觀照)에서 비롯하고 있다.
　이러한 관조의 자세는 화자를 둘러싼 자연과의 교감을 통하여 이루어지고 있다. 다음의 시작품을 살펴보자

무심히 강물을 향해
돌멩이를 던진다

물수제비 원을 그리며
넓게 퍼져간다

청둥오리 떼 놀라
날아올랐다 내려앉는다

파문 위로
파문이 엎어진다

당신과 내가
끊어질 듯 이어져 있다

—「파문」 전문

'무심히 강물을 향해/돌멩이를 던진다'는 행위는 곧 화자와 자연과의 교감을 나누는 모습이다. 이러한 교감을 통하여 자연은 '물수제비 원을 그리며/넓게 퍼져간다'. 화자의 행위에 대한 자연의 반응이다. 그러자 또 다른 자연이 이에 반응한다. 청둥오리 떼다. '청둥오리 떼 놀라/날아올랐다 내려앉는다'. 이러한 반응에 따라 자연과 화자가 나눈 교감은 계속 중첩된다. '파문 위로/파문이 엎어진다'는 것이다.

인간은 자연 속에서 근심이나 걱정이 없이 평안하고 즐겁도록 스스로 만족하게 살고 싶어 한다. 그것은 인간이 자연을 향해 끊임없이 접근하려 하는 동일화의 추구에서 비롯된다. 자연이 인간의 안락과 무위(無爲)의 만족에 빠져들지 않게 하고, 인간으로 하여금 그들의 생활에 필요한 재화(財貨)를 얻기 위하여 손, 발, 두뇌 등의 활동으로 이루는 일체의 목적을 가진 의식적인 행위를 할 수 있도록 촉매적인 작용을 계속한다. 곧 자연의 경계 안에서 이루어지게 하는 노동이다. 이러한 노동은 인간 존재 본연의 것이며, 인간이 자연에서 생명을 유지하기 위한 필연적 활동이 된다. 또한 넓은 의미에서 보면 인간의 모든 활동이 노동이며, 노동은 인간의 본질이고 노동 없는 인간은 상상할 수 없다. 곧 자연이 제공하는 인간에의 혜택이 바로 그것이다. 그러므로 인간과 자연은 필연적으로 '파문 위로/파문이 엎어진다'는 것이며 '당신(=자연)과 내(=인간)가/끊어질 듯 이어져 있다'는 것을 확인할 수 있게 한다.

이와 같이 자연과 하나 되어 교감이 이루어져 가는 가운데 화자는 '어떻게 살아갈까?'라는 문제에 대하여 생각해 본다. 그러면서 화자는 '파란색이 유난히 춤을 추는 날이면/사람들도 들떠 강물처럼 출렁'이며 살아가고 있는 자신을 떠올린다.

세상을 한 가지 색으로 칠해야 한다면
어떤 색이 좋을까요

붉은색의 어떤 날은 진보적으로 흔들릴 테고
회색빛이 유언비어처럼 떠도는 날엔
괜스레 쓸쓸해지고 우울해질 테죠
파란색이 유난히 춤을 추는 날이면
사람들도 들떠 강물처럼 출렁일 겁니다

도시 창밖은 온갖 색깔로 뒤섞여
방향도 없이 바쁘게 뛰어갈 테고

대체 어떤 색이 세상과 어울릴까요?

언제 한 번 날 잡아
때 빼고 광도 내가면서
용서하고 안아주고 덮어주고

끌어주고 밀어줄 수 있는

색은 색이되 색깔이 없는

무채색으로 칠해보면 어떨까 합니다

―「무채색이 어떨까」 전문

화자는 자신에게 '세상을 한 가지 색으로 칠해야 한다면/어떤 색이 좋을까요' 라고 스스로에게 자문한다. 그리고 갖가지의 색으로 살아가고 있음을 보여준다. '붉은색의 어떤 날은 진보적으로 흔들릴 테고/회색빛이 유언비어처럼 떠도는 날엔/괜스레 쓸쓸해지고 우울해질 테죠/파란색이 유난히 춤을 추는 날이면/사람들도 들떠 강물처럼 출렁일 겁니다' 삶의 색깔은 실로 상황에 따라 달라지고 있다. 그것은 하나같이 다양한 삶의 빛깔이기도 하다. 그러한 빛깔 속에서 화자는 자못 방황하는 모습을 보인다. '도시 창밖은 온갖 색깔로 뒤섞여/방향도 없이 바쁘게 뛰어갈' 것이기 때문이다. 이에 따라 '대체 어떤 색이 세상과 어울릴까요?' 항상 불완전하기만 하다. 그러다가 문득 삶의 미적 상태에 있어서 도덕적 상태로의 진화를 도모해본다. '언제 한 번 날 잡아/때 빼고 광도 내가면서/용서하고 안아주고 덮어주고/끌어주고 밀어줄 수 있는/색은 색이되 색깔이 없는' 상태에 이른다. 그리하여 마침내 견고하고 사방 어느 쪽을 바라보아도 만족하지 못하면서도 무한한 가능성을 제시

함으로써 새로운 길을 찾게 할 수 있는 '무채색'을 발견하면서 스스로에게 묻고 결론하기에 이르게 된다. '무채색으로 칠해보면 어떨까 합니다'라고. 무채색은 곧 어느 누구나 자신의 색깔을 결정하여 칠할 수 있으며, 언제 어디서든 모든 인간에게 삶의 길을 제공할 수 있는 빛이기 때문이다.

시집 『냉장고를 사야 하는 이유』에는 삶을 성찰하는 시로 18편, 가족사에 관한 시 18편, 그리고 자연 교감에 관한 시 16편과 현실 성찰에 관한 시 13편 등 전체 65편을 함께 모아놓고 있다. 그러나 이러한 구분에도 불구하고 각 편에 자리 잡은 시 작품들이 함의하고 있는 삶의 귀착점은 견고한 삶의 자세에 따른 최선을 보여줌에서 만날 수 있다. 시인 자신이 인식할 수 있는, 또는 일상생활의 간극에서 만나는 추상적인 이상보다는 대상으로부터 느끼는 감성을 정신 능력에 서로 종속시키면서 일정한 삶의 양상을 보여주고 있다는 것이다. 비록 시인이 일상생활에서 만나는 특수한 여러 경우에서 비롯한 다양한 정서, 즉 개인적인 경향이 비록 단조롭다고 하더라도 복잡하고 별난 감정과는 전혀 다른 새로운 것을 찾아 나섬으로써 홀연 어떤 사물이나 현상 따위를 온통 휩싸서 이룬 효과를 맛보게 하고 있다.

끝으로 정중화의 시 한 편으로 작품 속에 함의된 시적 척도를 가늠해 보기로 한다.

      아이가 눈에 밟힙니다
      시작과 끝이 어디인지 모릅니다
      아슬한 경계를 타고 넘으며
      아직, 이라는 말에 힘을 주기도 합니다
      자주 깨지거나 금이 갑니다
      뒹굴기도 하지만 넘어져 있기도 합니다
      흉터로 남을지도 모를 오늘이라는 말에
      별일 아니라는 듯 웃어넘깁니다
      내일이라는 말엔 정색합니다
      아프다는 말은 하지 않습니다
      누군가의 손길이 그리워지는
      청춘 탓이라 부인하진 않을 겁니다
      철들 날 따위는 별것 아니라며
      따지기도 하지만 제풀에 지치기도 합니다
      어떤 땐 뿌듯하고 대견하기도 합니다
      아무 일 없이 하루가 지나가기를
      기도하며 지켜봅니다

                        —「사춘기」 전문